초등학생의 진로와 직업 탐색을 위한
잡프러포즈 시리즈 47

사회복지사는 어때?

초등학생의 진로와 직업 탐색을 위한 잡프러포즈 시리즈 47

사회복지사는

전안나 지음

어때?

TALK SHOW

차례

CHAPTER 04
사회복지사가 되려면

CHAPTER 05
사회복지사의 매력

CHAPTER 06 사회복지사의 마음가짐

CHAPTER 07 사회복지사 전안나를 소개합니다

CHAPTER. 01

사회복지사 전안나의

프러포즈

사회복지사 전안나의
프러포즈

안녕하세요, 전안나 사회복지사입니다. 저는 고등학교 1학년 때까지 진로에 관해 뚜렷한 생각이 없었어요. 그러던 중 고등학교 2학년 때 진로 안내서에서 다양한 직업들을 살펴보다가 '사회복지사'라는 직업에 깊은 인상을 받았어요. 한두 장짜리 짧은 설명이었지만, 사회복지사의 역할과 가치가 제 마음을 사로잡았죠. 대학에서 사회복지학을 전공하고, 그 후 21년 동안 사회복지사로 의미 있는 경험을 쌓았어요.

우리가 사는 세상은 혼자 살아갈 수 없어요. 아침에 일어나면 누군가 운전해 주는 버스나 전철을 타고 학교에 가요. 누군가 요리한 음식으로 점심을 먹고, 누군가에게 배우죠. 또 놀이공원의 기구는 누군가 작동해 줘서 즐길 수 있고, 누군가 배달해 준 물건을 받아요. 그리고 누군가 이 책을 만들어 줘서 책을 읽을 수 있는 거죠. 우리는 종종 알아차리지 못하지만, 사회 속에서 수많은 사람의 도움과 노력, 그리고 그들의 직업에 기대어 살아가고 있답니다.

하지만 살다 보면 어려운 일이 닥칠 때가 있어요. 나 혼자의 힘으로 해결할 수 없는 어려움이라면 주변에 있는 사람들과 함께 힘을 모으는 것이 가장 좋은 방법이에요. 가깝게는 학교 선생님, 학교 사회복지사, 상담 선생님, 주민 자치센터 공무원, 복지시설의 사회복지사, 이웃, 그리고 멀게는 지역사회, 국가까지 모두 함께 어려움이 닥친 사람을 돕기 위해 힘을 모으는 것이죠. 이처럼 힘을 모으도록 돕는 직업이 바로 사회복지사예요. 우리 사회를 더 건강하고 행복하게 만드는 직업이지요.

요즘엔 사회복지 수준이 높은 국가를 선진국이라고 평가하는 시대예요. 사회복지는 누구나 필요하면 이용할 수 있는 제도인데요. 예를 들어 여러분이 학교에서 먹는 점심 급식이나 매년 맞는 예방 접종, 여러분의 부모님에게 드리는 아동수당 등도 사회복지 서비스의 하나예요.

저는 이 직업이 참 좋아요. 사회에 이바지하는 일이라 더 잘하고 싶은 마음은 처음부터 지금까지 한결같아요. 그래서 저의 이야기가 여러분의 마음에 전해지기를 바랍니다.

– 사회복지사 전안나

CHAPTER. 02

사회복지란?

세상에 태어난 모든 사람은 보호받고 존중받아야 할 소중한 생명이에요. 그러나 때로는 인간으로서 누려야 할 기본적인 권리를 누리지 못하는 사람들이 있어요. 그런 사람들을 위해 국가와 사회가 나서서 하는 사업이 사회복지입니다.

사회복지란 무엇인가요?

사회복지는 사회 안에서 인간이 편안한 안녕의 상태를 누린다는 의미로 정의할 수 있어요. 안녕의 상태를 누린다는 것은 누구나 인간다운 삶을 살 수 있는 상태를 말하는데요. 헌법에서 보장하는 인권, 즉 인간다운 권리는 모든 사람이 생명을 보호받고 존중받을 권리인 생명권, 자유를 누릴 권리인 자유권, 법 앞에서 평등할 권리인 평등권, 교육, 의료, 사회 보장 등을 통해 인간다운 생활을 할 권리인 사회권, 그리고 국가의 정치에 참여할 권리인 참정권 등을 포함하고 있어요. 그중에서 사회복지는 사회권을 실현하고 보호하기 위한 사회적 노력과 제도에 중점을 두고 있어요.

사회권은 대표적으로 모든 사람이 교육받을 권리, 일할 권리, 소득이 줄거나 없어졌을 때 사회적 보호를 받을 수 있는 권리, 인간다운 생활을 할 수 있는 주거를 보장받을 권리, 건강을 유지하고 의료 서비스를 받을 권리 등이 있어요. 사회복지는 이러한 권리를 누리지 못하는 사람들의 문제를 해결하는 것이에요. 예전에는 사회복지가 불우한 사람들을 국가에서

돕는다는 의미로 많이 쓰였어요. 그런데 지금은 모든 사람이 인간으로서

누려야 할 기본 권리를 보장하는 것을 말해요.

⊙ 사회복지사들 길거리 상담 모습

사회복지는 왜 중요한가요?

사회복지가 중요한 이유는 크게 세 가지예요. 첫째, 개인의 노력으로 해결하기 어려운 사회문제를 예방하고, 모든 사람이 안전하고 행복하게 살 수 있는 사회를 만들기 위해서예요. 우리가 살아가는 세상에는 스스로 해결하기 어려운 다양한 문제들이 있어요. 예를 하나 들어볼게요. 배우자도 자녀도, 친척도 없는 80세 할아버지가 있어요. 혼자서 밥을 해 먹기도 힘들고 공과금을 내는 것도 힘든 분이에요. 이런 상태가 오래 지속된다면 할아버지는 밥을 굶거나 전기와 수도가 끊기는 등 심각한 어려움을 겪을 수 있어요. 또 아픈데도 병원을 못 가는 상황이라면 우울증 같은 심리적인 어려움으로 이어지기도 하죠. 이럴 때 할아버지가 행복해지려면 어떻게 해야 할까요? 누군가 밥을 챙겨주고, 공과금을 대신 내주고, 병원에 모시고 가서 치료받을 수 있도록 도와야 하는데, 그게 바로 사회복지의 역할이죠.

둘째, 복지는 모든 국민이 누려야 할 권리이기 때문이에요. 예전에는 어려움을 겪는 사람들에게만 사회복지를 제공하는 방식이었어요. 그런데 요즘은 누구나 복지혜택을 누릴 수 있도록 해야 한다고 인식이 바뀌었어요. 대한민국에서 태어난 아이는 아동수당을 받고, 예방접종을 무료로 받고, 학교에 다닐 때는 급식을 무상으로 제공받아요. 예전에는 저소득층, 장애인, 고아 등에게 제공되었던 복지혜택이 이제는 모든 어린이에게 제공되는 거죠. 또 성인이 되어서 어려운 일을 겪을 때 여러 가지 복지제도를 이용할 수 있고, 65세 이상이면 국민연금 또는 기초연금을 받을 수 있고, 평생 건강보험을 통해 병원비를 지원받을 수 있어요. 예전에는 개인의 불행이나 책임으로 생각했던 것이 이제는 국가와 사회의 책임으로 인정된 거예요.

셋째, 미래에 발생할 다양한 문제를 해결하는 방법으로 사회복지의 역할이 더 커질 거예요. 다가올 사회문제 중 하나가 평균 수명의 증가로 인한 노령, 실업, 빈곤, 질병 등의 위험이에요. 지구온난화에 따른 기후변화로 인해 발생하는 재난 또한 앞으로 큰 사회문제가 될 거예요. 이런 문제들은 개인의 힘만으로는 해결할 수가 없어요. 나, 가족, 친구, 우리나라 국민, 그리고 전 세계인 모두가 힘을 합쳐야 대응할 수 있겠죠. 이런 상황 속에서 사회복지의 중요성은 더욱 커질 수밖에 없어요.

⊙ 어르신 프로그램

⊙ 어르신 프로그램

사회복지는 어떻게 시작되었나요?

1601년 영국의 엘리자베스 1세는 빈민법을 제정했어요. "일자리를 줄테니 돈을 벌어라. 공짜로 밥을 주지 않는다."라는 원칙을 내세워 빈민들에게 일자리를 제공하고, 일을 하는 빈민에게만 식량을 지급했죠. 빈민들이 가난한 것은 그들의 게으름 때문이라며 개인의 잘못으로 여겼어요. 빈곤의 원인은 매우 다양할 수 있는데, 그런 점을 전혀 고려하지 않았어요. 현대의 사회복지 개념과는 차이가 있지만, 빈민법은 빈곤 문제를 해결하기 위해 국가가 나서야 한다는 것을 처음으로 규정한 것으로 사회복지의 역사에서 중요한 의미가 있어요.

현대적 의미에서 사회복지 제도를 처음으로 마련한 나라는 독일이에요. 독일 제국의 총리 비스마르크는 1880년대에 몇 가지 중요한 사회복지 정책을 도입했는데요. 세계 최초로 국가 주도의 건강보험 제도를 도입했고, 일터에서 다친 노동자들이 보상받을 수 있는 산업재해보험 제도, 70세 이상의 노인들에게 연금을 지급하는 연금 제도도 마련했어요. 이러한 사회보험 제도는 현대적 복지 국가를 이루는 기초가 되었죠.

우리나라 복지제도의 역사는 어떻게 되나요?

　우리나라는 일제 강점기와 6.25 전쟁으로 농촌 사회는 극심한 어려움을 겪었어요. 하지만 농촌계몽운동이 시작되면서 농민들에게 교육 기회를 제공하고, 집도 지어 주거 환경을 개선하며, 살아가는 방식에 관한 의식 개혁을 시작했죠. 사회복지는 개인의 삶을 개선하고 사회적 문제를 해결하기 위한 다양한 노력을 포괄하는 개념이에요. 이러한 노력은 정부 정책, 시민 운동, 사회기관 활동 등 다양한 형태로 이루어지죠.

　한국 최초의 복지시설인 광혜원은 1885년 헬런 선교사에 의해 설립됐어요. 광혜원은 선교, 의료, 교육, 복지를 통합적으로 제공했어요. 아픈 사람들을 치료하고, 학교를 설립하여 교육하고, 구제 활동을 했죠. 일종의 사회복지, 교육복지, 종합 사회복지의 기능을 수행한 거예요.

　1906년 지금은 북한인 원산에 반열방이, 1921년에는 서울에 태화여자관(현재 태화기독교사회복지관)이 세워졌어요. 이 두 시설은 여성을 대상으로 한글과 성경을 가르쳤고, 최초의 사회복지관으로 기록되었어요. 1945년 해방 이후에는 외국 선교사들이 들어와 전쟁 고아들을 위한 고아원을 세우고, 여성들에게 한글과 자수 등을 교육하는 여성 교육 시설을 운영했어요.

사회복지법으로 보자면, 1961년 생활보호법을 제정해 국가가 처음으로 일정 수준 이하의 생활을 하는 사람들에게 생활비를 지급하기 시작했어요. 하지만 당시 지급 금액은 굶어 죽지 않을 정도의 수준에 불과했죠. 1997년 IMF를 겪으면서 생활에 어려움을 겪는 사람들이 급증하자, 이에 대응하기 위해 1999년 생활보호법이 국민기초생활 보장법으로 개정되었고, 이를 통해 생활보장 대상자라는 용어가 수급권자로 바뀌었어요. 수급권자라는 말은 복지혜택을 받는 사람들이 국가의 보호를 받아야 하는 대상이 아니라 국민에게 주어진 권리라는 새로운 시각을 반영해요. 과거에는 국가에서 최소한의 생계급여만 지급했다면, 법 개정 이후에는 생계비, 의료비, 주거비, 교육비 등 다양한 분야에 대한 지원으로 확대되었어요.

우리나라에는 어떤 복지 서비스가 있나요?

우리나라에는 다양한 복지 서비스가 있어요. 생애 주기별로 제공되는 서비스로는 임신과 출산, 영유아, 아동, 청소년, 청년, 중장년, 노년까지 총 3,207개의 서비스가 있어요. 저소득, 장애인, 한 부모·조손, 다자녀, 다문화·탈북민, 보훈대상자 가구의 상황에 따라 2,312개의 서비스도 있죠. 또한 관심 주제별로는 신체건강, 정신건강, 생활 지원, 주거, 일자리, 문화·여가, 안전·위기, 임신·출산, 보육, 교육, 입양·위탁, 보호·돌봄, 서민 금융, 법률 영역에 총 3,915개의 서비스를 제공해요. 어떤 복지 서비스가 있는지 알고 싶다면 복지로 홈페이지를 통해 중앙부처, 지자체, 민간에서 제공하는 서비스를 찾아볼 수 있어요. 생애주기, 가구 상황, 관심 주제별로 사회 제도와 서비스가 체계적으로 정리되어 있어 필요한 정보를 쉽게 찾을 수 있죠. 특히, 각종 신고 전화번호도 있으니 필요할 때 사용할 수 있어요. 이런 복지 서비스는 여러분이 책을 읽을 때쯤이면 더 늘어나 있을 거예요.

◉ 경력 단절 여성 프로그램

◉ 가족 대상 프로그램　　　　　◉ 다문화 여성 프로그램

ⓐ 자원봉사자 활동 지원

ⓐ 어린이생일선물_후원연계

CHAPTER. 03

사회복지사의 세계

사회복지사는 어려움에 처한 사람들을 발견해 도움의 손길을 내밀고, 누군가를 돕고 싶
어하는 사람들과 도움이 필요한 사람들을 연결하는 직업이에요. 도움이 필요한 사람들은
누구이고, 어떤 사회복지 서비스가 있는지, 또 사회복지사는 어디에서 일을 하는지 등도
알아보아요.

사회복지의 중요성이 만든
직업, 사회복지사

1900년대 초반부터 사회복지관이 설립되면서 어려운 사람들을 돕는 자선사업가나 자원봉사자들이 있었어요. 당시에는 무급으로 일하는 경우가 많았지만, 사회복지 서비스의 중요성이 커지면서 사회복지사라는 직업이 등장했죠. 처음에는 자격증 없이도 사회복지관에서 일할 수 있었어요. 그러다 1947년 이화여자대학교에 기독교 사회사업학과가 생기면서 사회복지 전문 교육이 시작되었어요. 이후 여러 대학에 사회복지학과가 생겼고, 지금은 대부분 대학에 사회복지 전공이 있어요.

사회복지사 자격증 제도가 생긴 것은 1970년이었어요. 사회복지사업법이 제정되어 사회복지 활동을 하는 전문가를 사회복지사업 종사자라 불렀죠. 1983년 사회복지사업법 개정을 통해 '사회복지사'라는 호칭과 함께 사회복지사 자격증이 발급되었어요. 2003년에는 국가자격증으로 승격해서 현재는 자격증을 보유하고 일하는 사람만 사회복지사, Social Worker라고 불러요. 1987년에는 사회복지직 공무원 채용을 시작했고, 2016년 각 동의 행정을 담당하는 동사무소의 명칭을 행정복지센터로 변경했어요. 이는 국가가 사회복지 정책에 더욱 적극적으로 개입하겠다는 의지를 보여주는 거예요.

사람과 사회를 연결하는 사람들

    사회복지사가 하는 일은 크게 세 가지예요. 첫째는 도움이 필요한 사람을 직접 돕는 거예요. 혼자 음식을 조리하기 어려운 어르신과 장애인에게 식사를 지원하고, 재활이나 치료가 필요한 사람들에게 전문 재활 서비스를 제공하고, 집에 혼자 있는 분들을 위해 가정 방문 서비스를 제공하는 거예요. 또 심리적이나 정서적으로 어려움을 겪는 사람들에게 상담과 검사도 지원하고, 중증 장애를 가졌거나 혼자 생활하기 어려운 아이와 어르신은 사회복지 시설에서 24시간 의식주를 살펴주기도 하고요. 나아가 그들의 잠재 능력을 파악해 문제 해결을 스스로 하도록 지원해요.

    둘째, 개인과 사회를 연결하는 환경을 만들어요. 도움이 필요한 사람들이 사회에서 고립되지 않도록 여러 가지 제도가 마련되어 있어요. 그런데 이런 정보를 모르거나, 알더라도 어떻게 신청하는지 모르는 사람들이 있어요. 이럴 때 사회복지사가 중간에서 사람과 사회가 연결되도록 돕는 거죠. 예를 들어 집이 없는 사람에게는 임대 아파트를 신청할 수 있는 자격과 절차 등을 알려주고 신청을 도와줘요. 미성년자나 정신장애인, 치매 어르신을 위해 법정 후견인 역할도 하고요. 또한 누군가를 도와주고 싶어도 누구에게 어떤 도움을 주어야 할지 모르는 사람들을 도움이 필요한 사람들에게 연결하는 일도 해요.

셋째, 사회적 약자의 목소리를 대변하는 사회적 행동을 해요. 그러기 위해서는 먼저 복지 이용자와 지역 주민을 대상으로 설문조사를 실시해 어떤 복지가 필요한지, 어떤 요구가 있는지 파악해요. 이렇게 사람들에게 직접 물어보는 조사 활동과 연구 활동으로 사회문제를 발견하면 일반 시민들에게 문제점을 알리는 시민 운동을 해요. 필요하다면 사회복지와 관련한 법을 만들거나 고치기 위해 시위도 하고, 사회복지 정책을 비평하고 대안을 제시하는 정치 활동도 하고요. 예를 들어볼게요. 혼자 사는 어르신에게 도시락을 전달하는 복지 사업이 있어요. 직접 그분들과 이야기를 나누면 먹는 것보다 이웃과 사회에서 소외된 외로움이 크다는 것을 알게 돼요. 그런데 사람들은 이 문제를 모르잖아요. 그럴 때 사회복지사가 이분들 대신 문제점을 사회에 알리고 해결 방법을 찾을 수 있도록 도와요. 또 장애인 관련한 문제도 있어요. 장애인도 대중교통을 이용할 수 있어야 한다는 것, 장애인을 도와줄 활동지원사가 필요하다는 것, 장애인이 시설에 살 지 혼자 살 지 본인이 선택할 수 있도록 자유를 달라는 이야기 등을 사회에 전달하죠.

⊙ 지역주민 프로그램

사회복지를 실현하는 사회복지관

　사회복지관은 시설과 전문 인력을 갖추고 지역사회 복지 문제를 해결하기 위해 복지 서비스를 제공하는 시설로, 한국에는 현재 483개소의 사회복지관이 있고 그중에 100개소가 서울에 있어요.

　우리나라의 사회복지관은 종합적인 서비스를 제공하는데, 이 점이 외국과 달라요. 대부분의 외국 사회복지 시설은 이용 대상의 특징이나 문제 유형에 따라 분야별로 운영돼요. 아동 학대만 다루는 기관, 장애인 재활만 다루는 기관, 노인 주간 보호만 다루는 기관들로 전문 분야가 따로 있어요. 그런데 우리나라는 전문 기관도 있고, 모든 지역 주민을 대상으로 다양한 문제에 대해 종합적인 서비스를 제공하는 사회복지관이 따로 있어요.

　우리나라는 1988년 서울올림픽을 개최하면서 사회복지 시설을 많이 만들게 되었어요. 서울올림픽을 앞두고 저소득층이 밀집한 지역이 철거

되고 그 자리에 영구 임대 아파트가 들어섰어요. 그때 일정 규모의 영구 임대 아파트를 지으려면 저소득층 주민들의 삶의 질 향상과 지역사회 개발을 위해 사회복지관을 의무적으로 지어야 하는 법이 마련되었죠. 당시 사회복지 시설이 부족한 상황이라 특정 대상이 이용하는 복지시설이 아니라 모든 지역 주민을 대상으로 종합적인 서비스를 제공하는 종합사회복지관을 지었어요. 또한 지역사회 주민들의 요구와 필요에 맞춘 서비스를 제공하기 위해 지역사회를 기반으로 운영되는 방식을 채택했죠.

사회복지관에서 서비스를 제공하는 대상자는 수급자 및 차상위 계층, 장애인·노인·한 부모 가족 및 다문화 가족, 직업 및 취업 알선이 필요한 사람, 보호와 교육이 필요한 유아·아동과 청소년, 그밖에 필요가 있다고 인정되는 사람들로 복지 서비스를 받을 필요가 있는 다양한 사람들이 사회복지 서비스를 이용할 수 있어요.

사회복지사가 일하는 곳은 다양해요

사회복지사는 사회복지기관, NGO 단체, 모금 전문기관, 공공 기관, 상담센터, 연구 기관, 학교, 교육청, 협회, 병원, 기업, 재단, 해외 근무 등 다양한 곳에서 일해요. 이 중에서도 사회복지사가 가장 많이 근무하는 곳은 사회복지기관이에요. 사회복지기관에는 사회복지관, 장애인복지관, 노인복지관, 지역아동센터, 키움 센터, 보호 전문기관, 생활 시설, 요양 시설, 주간 요양보호센터, 공동생활가정 등이 있어요.

두 번째로 공공 기관에서 근무하는 사회복지사들이 있어요. 사회복지사 자격증을 취득한 후 공무원 시험을 봐서 사회복지직 공무원이 되는 거죠. 사회복지직 공무원은 보건복지부, 시청, 구청, 주민자치센터, 드림스타트센터, 교육지원청 등 다양한 기관에서 근무하며, 교도소에서 근무하는 교정직 공무원도 있어요.

세 번째는 사회복지학 석사 또는 박사 학위를 취득하여 사회복지 연구

원이나 학교 또는 연구 전문기관에서 근무하는 거예요. 사회복지 관련 조사와 연구, 사업 발굴, 효과성 평가 등을 수행하는 역할을 하죠.

이 밖에도 해외에서 취업하는 예도 있어요. 외국에서 사회복지사 자격증을 취득하여 현지에서 한국인 대상 사회복지 사업을 수행할 수 있어요. 또 한국에서 사회복지기관에 취업해서 외국에 파견 근무를 나가기도 하고요. 드물게는 국제기구에서 일하는 사람도 있어요.

프리랜서 사회복지사도 있어요

프리랜서 사회복지사는 특정 조직에 소속되지 않고 개인의 전문성에 따라 자율적으로 활동해요. TV 방송국 아나운서들이 처음에는 방송국에 소속된 직원이었다가 프리랜서 선언을 하고 여러 방송국이나 종편에서 자유롭게 일하는 것과 비슷해요.

저도 프리랜서 사회복지사로서 사회복지관에서 해야 하는 행정 업무인 기안, 공문, 계획서, 평가서 등을 작성하는 일을 지원하고 있어요. 이런 업무용 글쓰기는 전국의 모든 사회복지기관에서 필요한 일이에요. 그래서 저는 현재 전국을 다니며 사회복지사와 클라이언트를 직접 만나 글쓰기 강의를 진행하고 있어요. 사회복지사들이 행정 업무를 효율적으로 수행할 수 있도록 돕는 일이죠. 또 복지시설 이용자 중 글쓰기나 저술에 관심이 있는 분들에게 글쓰기 수업도 진행하고, 사회복지 관련 책을 만드는 출판일도 하고 있어요.

글쓰기도 사회복지 사업에서 중요해요

사회복지사가 하는 일 중에 행정 업무가 차지하는 비중이 꽤 높아요. 행정 업무는 보고서, 기록, 평가 등 다양한 문서를 작성하는 거예요. 사회복지 활동은 정부 지원금과 후원금으로 운영되기 때문에 모든 활동을 기록하는 일이 중요해요. 어떤 서비스를 제공할 때 대상자는 누구이고, 몇 명인지, 대상자 선정은 적절했는지, 비용은 얼마 들었고 어디에 지급했는지 등등 모든 과정을 기록으로 남겨야 해요. 사회복지 서비스가 투명하고 효율적으로 제공되는 자료가 되기 때문이에요.

또 후원자를 모집하는 제안서를 쓰고, 복지 서비스를 받고 싶은 이용자와 상담한 내용을 기록하고, 서비스를 제공받는 대상자의 사례를 기록하는 등 사회복지사가 일하는 시간에 하는 활동은 모두 기록으로 남겨요. 이렇듯 사회복지사에게 글쓰기는 중요한 일이에요. 글쓰기를 잘 못한다고 걱정되나요? 괜찮아요. 사회복지 글쓰기는 멋진 글쓰기 재능이 필요하지 않아요. 사회복지 활동을 정직하게 글로 남기면 된답니다.

CHAPTER. 04

사회복지사가 되려면

☺

사회복지사가 되려면 어디에 관심을 가지고 어떤 준비를 하면 좋을까요? 적성에 맞는지 알아보기 위해 이 일을 체험할 수 있는 방법은 무엇일까요? 이 일을 하기로 마음먹었다면 자격증 취득을 위해 어떤 진로를 선택해야 할까요?

사람에 대한 관심이 많아야 해요

사회복지사가 되고 싶다면 사람들에게 진심 어린 관심을 가지고 그들의 문제 해결을 위해 도와줄 수 있는 마음가짐이 있어야 해요. 그리고 다른 사람의 말을 잘 듣고 이해하며, 사람들과 소통하는 것을 즐기고, 말과 글로 자기 생각을 명확하게 표현할 수 있어야 하고요.

사람에 관한 관심이 어떤 것인지 예를 들어볼게요. 어떤 사람이 사회복지기관을 찾아왔다가 화를 내고 떠났어요. 그 상황에서 '왜 저래?'라고 화를 내기보다는 '저분은 왜 화를 냈을까? 몸이 아파서 그런가? 집에서 가족과 다툼이 있었나? 집에는 잘 들어가셨나? 조금 있다가 전화 한번 해볼까?'와 같은 생각을 하는 게 관심이에요.

또 사회복지사는 장애인, 치매 어르신, 다문화 여성, 아이, 청소년, 청년, 성인 등 다양한 사람들과 소통하는 직업이에요. 사람들과 소통을 잘하기 위해서는 바른 인성을 갖춰야 해요.

사회에 대한 관심도 필요해요

　사람에 관한 관심은 곧 사회에 관한 관심과도 연결되어 있어요. 사회복지사의 관심은 다음과 같은 질문이 돼요.

　우리 지역에서 어려운 사람들이 있는 곳이 어디지?

　후원이 필요한 사람은 누구일까?

　어려운 사람을 후원하고 싶은 사람들은 누구일까?

　자원봉사를 하고 싶어 하는 사람은 누구일까?

　자원봉사자의 서비스가 필요한 사람은 누구일까?

　우리 지역사회의 문제를 해결할 방법은 무엇이 있을까?

　왜 장애인들이 지하철에서 시위할까?

　왜 어르신들이 지하철로 택배를 할까?

　신문에 나온 우리 동네 기사는 무엇이 있을까?

　이 중에서 여러분이 궁금하게 여긴 적이 있는 질문은 몇 개인가요?

혹시 없었다면 이제부터 주변을 살펴보고 생각해 보세요. 관심을 가지면 궁금해서 주변을 관찰하게 돼요. 사회복지는 이런 관심으로부터 시작하는 것이랍니다.

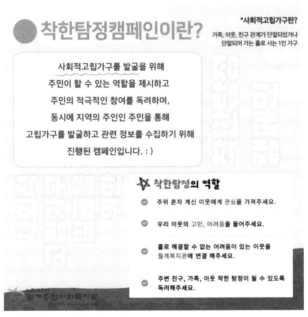

⊙ 고립 가구 발굴 캠페인, 모금 캠페인

어떤 성향의 사람이라도
할 수 있는 일이에요

요즘에 잘 알려진 MBTI 유형별로 사회복지사들이 좋아하는 일을 분석해 봤어요. 내향형(I) 사회복지사는 소그룹 활동, 내근 업무, 다양한 문자 매체로 소통하는 것을 좋아하고, 외향형(E) 사회복지사는 대규모 집단 프로그램, 외부 활동, 전화나 대면으로 말하는 것을 더 좋아해요. 직관형(N) 사회복지사는 미래를 바라보며 새로운 프로그램 개발이나 제도 개선 및 법률 제정, 그리고 사업의 방향을 제시하는 것을 좋아하고, 감각형(S) 사회복지사는 법과 제도 내에서 사회복지 사업을 계획해서 실현하고, 끈기 있게 반복하는 업무를 더 좋아해요.

사고형(T) 사회복지사는 이용자의 상태나 처한 환경에 대한 객관적인 분석을, 감정형(F) 사회복지사는 이용자의 감정에 공감하는 것을 더 잘해요. 또 판단형(J) 사회복지사는 구체적인 계획을 수립하고 명확한 목표를 설정하여 단계별로 실행하는 것을 좋아하고, 인식형(P) 사회복지사는 유연하게 적응하고 문제를 해결하는 능력으로 상황의 변화에 빨리 대응할 수 있어요.

　결론은 사회복지사가 하는 일은 매우 다양하므로 어떤 성향의 사람이
라도 자신이 좋아하고, 더 잘할 수 있는 역할을 찾을 수 있다는 거예요.
성향보다 더 중요한 것은 사람과 사회에 대한 진심 어린 관심이거든요.

자원봉사 활동을 하며
사회복지사의 일을 체험해요

♫

사회복지시설에서 자원봉사 활동을 하면서 사회복지가 어떻게 이루어지는지 체험해 보세요. 그러면서 복지 서비스가 필요한 사람이 누구이고, 실제로 어떤 도움이 필요한지를 관찰하는 거예요. 책을 보거나 이야기로 듣는 것도 좋지만 실제로 참여해서 경험해야만 알 수 있는 것이 많은 게 복지 서비스예요.

예를 들어 여러분이 복지관에서 어르신에게 점심 도시락을 배달하는 일에 자원봉사자로 참여했다고 상상해 보세요. 그러면 다른 자원봉사자들과 함께 도시락을 들고 어르신의 집으로 찾아가 전해드릴 거예요. 다음엔 활동지원사나 자원봉사자가 밥상을 차려서 어르신이 드실 수 있도록 도와드려요. 건강이 좋지 못한 어르신이라면 직접 먹여드려야 할 때도 있고, 어르신이 식사하는 동안 말동무가 되어드리기도 해요. 식사가 끝나면 정리하고 도시락통을 수거해 복지관에 가져와서 설거지해요. 여기까지 하면 봉사 활동이 끝나요. 어려울 게 없어 보이는 활동이지만 실제로 여러분이 이 과정에 참여한다면 어르신들이 어떤 환경에서 살고 있는지, 어떤 어려움이 있고, 왜 이런 복지 서비스가 필요한지 등을 눈으로 보면서 느끼게 될 거예요. 또 도시락 배달 서비스는 단순히 어르신들에게 점심 한 끼를 제공하는 것으로 끝나는 게 아니라는 것도 알게 될 거예요. 집으로 어르신들을 방문하면 어르신들의 건강 상태도 알 수 있어요. 실제로 집안에 정신을 잃고 쓰러진 어르신을 발견해 병원으로 이송한 때도 있었어요.

봉사 활동이 좀 익숙해지면 다음으로 사회복지사가 무슨 일을 하는지 알아가면 좋겠어요. 사회복지사에게 직접 궁금한 것을 물어보는 것도 좋아요. 복지가 필요한 사람을 어떻게 찾아내는지, 대상에 따라 달라지는 복지 서비스는 무엇인지, 식사 서비스나 물품을 제공할 때 필요한 비용은 어떻게 마련하는지 등을 물어보는 거예요. 그리고 사회복지사들이 진행하는 여러 프로그램에 적극적으로 참여해 보는 것도 좋은 방법이에요. 특히, 사회복지사가 되고 싶다면 하나의 기관을 정해 꾸준히 자원봉사 경험을 쌓는 것도 도움이 될 거예요.

사회복지사 자격증을 취득해요

    사회복지사가 되려면 사회복지사 자격증이 필요해요. 자격증은 1급과 2급으로 나뉘고, 2급 자격증을 취득한 후에 일정한 자격을 갖추고 나면 1급 시험을 볼 수 있어요. 자격증을 취득하는 방법은 여러 가지인데요. 대학이나 대학원에서 사회복지를 전공하고 졸업하면 시험 없이 2급 자격증이 주어져요. 2급 자격증을 가지고 있으면 바로 사회복지사 1급 시험을 볼 수 있어요.

    대학에 진학하지 않았거나, 대학에 진학했어도 전공자가 아니라면 다른 방법으로 2급 자격증을 취득할 수 있어요. 2급 시험을 보려면 사회복지학과 필수 과목 10과목과 선택 과목 7과목을 이수해야 하는데, 대학에서 이수해도 되고, 학점은행제나 그밖에 다른 교육 과정을 통해 이수해도 시험에 응시할 자격이 생겨요. 2급 자격증을 취득한 후 1년 이상의 실무경력이 있으면 1급 시험에 응시할 수 있어요.

사회복지사 자격증을 취득하면 사회복지기관에서 일할 수 있어요. 다만 자격증 종류에 따라 취업할 수 있는 기관이나 업무의 역할이 달라질 수 있어요. 예를 들어 1급 자격증을 가진 사람만 정규직에 응시할 수 있도록 하거나, 2급 자격증을 가진 사람은 계약직으로 응시할 수 있도록 하는 거죠. 또 특정 기관이나 직무는 1급 자격증을 가진 사람만 채용하기도 해요. 이런 차이가 있으므로 2급 자격증을 취득했다면 1급 자격증까지 취득하는 게 더 좋겠어요. 그리고 학교사회복지사, 의료사회복지사, 정신건강사회복지사와 같은 영역별 사회복지사가 되고 싶다면 1급 자격증이 꼭 필요해요.

영역별 사회복지사가 되는 방법도 있어요

사회복지는 매우 다양하게 변화하고 있고, 전문화되고 있어요. 이런 변화에 맞게 사회복지서비스를 제공하기 위해 정신건강사회복지사, 의료사회복지사, 학교사회복지사를 영역별 사회복지사 국가자격으로 인정하고 있어요. 이 자격증은 사회복지사 1급 자격이 있는 사람 중에 보건복지부 장관이 지정하는 수련기관에서 일정 기간 수련받은 사람에게 주고 있어요.

학교사회복지사는 초등학교, 중학교, 고등학교에서 근무하며 학생들이 건강하게 성장할 수 있도록 돕는 일을 해요. 다양한 지원을 통해 학생들의 복지를 증진하고, 학생들이 겪는 심리적, 정서적 문제를 예방하고 해결하기 위해 여러 형태의 상담 서비스를 제공하는 등 학생들의 다양한 필요를 채워주기 위해 노력하는 분들이에요.

의료사회복지사는 주로 병원에서 근무하며 환자와 그 가족이 가지고 있는 다양한 어려움을 해결하고 의료복지를 실천하는 일을 해요. 환자가 의료 과정에서 겪을 수 있는 정서적인 문제의 해결을 돕고, 의료 기관 내에서 환자와 가족의 권리가 보호될 수 있도록 도울 뿐만 아니라 환자의 재활과 건강 유지를 위한 교육도 제공하고 있어요.

정신건강사회복지사는 주로 국공립병원, 종합병원, 정신건강복지센터 등에서 정신질환자의 치료 및 재활 과정을 지원하고 정신건강 복지를 실천하는 일을 해요. 환자가 사회에 나갈 준비를 할 수 있도록 사회적응훈련과 직업훈련을 지원하고 환자 가족들의 사회서비스도 지원해요.

CHAPTER. 05

사회복지사의 매력

사회복지사가 되려는 사람들은 20대 청년들만이 아니에요. 다양한 연령대의 사람들이 다른 일을 하다가 사회복지사를 준비하는 때도 많아요. 이 일은 어떤 매력과 보람이 있길래 사람들의 큰 관심을 받는 것일까요? 20년 이상 사회복지사로 일하고 있는 선배의 이야기를 들어보아요.

사람과 사람을 연결하여
협력을 이끌어내는 매력

사회복지사는 갓 태어난 아기부터 죽음을 앞둔 고령의 어르신까지 다양한 연령대와 배경을 가진 사람들을 만나요. 단순히 만나는 것을 넘어, 전문적인 지식과 기술을 바탕으로 그들의 어려움을 해결하고 삶을 변화시키는 데 도움을 주는데요. 이 과정에서 인생의 모든 단계를 경험하며 삶의 의미를 느낄 수 있어서 큰 보람을 느끼지요.

유아기에 걸음마가 어려웠던 아이, 한글 습득에 어려움을 겪었던 아이가 복지관의 도움으로 대학교에 진학해 찾아오는 경우가 있어요. 또 가족을 잃고 소년소녀가장이 되어 어려움을 겪던 아이가 성장해 직장인이 되어 찾아오는 때도 있고요. 잘 자라준 아이들이 대견하고 뿌듯하죠.

우리 사회에는 자원봉사나 후원을 통해 어려움을 겪는 사람들을 돕고 싶은 따뜻한 마음을 가진 사람들과 기업이 많아요. 이들과 도움이 필요한 사람들을 연결하고 소통하는 일을 한다는 자부심도 있어요.

어려움을 겪는 사람들을 도와주는 보람

사회복지사들은 각자 활동하는 분야에서 큰 보람을 느껴요. 지역자활센터에서 일하는 사회복지사는 참여 주민들이 기술을 익혀 자립하는 모습에서, 노인복지센터에서 일하는 사회복지사는 처음에는 낯설었던 어르신들과 신뢰를 쌓아가며 서로의 마음을 이해하고 소통하는 데서 보람을 느끼죠. 또 지역아동센터에서 일하는 사회복지사는 정서적으로 어려움을 겪는 아이들의 성장 과정을 함께 하며 아이와 부모 모두에게 긍정적인 변화가 있을 때 큰 보람을 느껴요. 이 밖에도 사회복지사는 자신이 일하는 곳에서 이용자들과 신뢰를 쌓고 끊임없는 노력을 통해 삶의 변화를 끌어내는 경험을 하면서 만족감을 느끼고 있죠.

사람은 누구나 살면서 삶이 힘든 순간을 겪게 돼요. 그럴 때 사회복지사는 의식주, 심리, 가족 관계, 사회적 관계 등 다양한 측면에서 어려움을 겪는 사람들에게 도울 수 있어요. 단순히 돈을 받는 대가로 일을 하는 것은 아니에요. 사회 구성원의 삶의 질을 향상하고 사회가 발전하도록 애쓰는 전문가로서 사회복지사의 노력이 사회 전체에 긍정적인 영향을 미칠 때 이 일을 하길 참 잘했다는 생각을 해요.

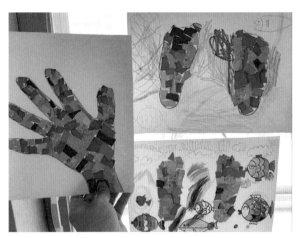

⊙ 아동·청소년 프로그램

⊙ 아동·청소년 프로그램

CHAPTER. 06

사회복지사의

마음가짐

무슨 일이든 그 직업만의 어려움이 있고, 몸과 마음이 힘들 때가 있어요. 이 직업은 어떤 어려움이 있는지, 이 일을 오래 하면서 가지게 된 습관은 무엇인지, 또 스트레스의 원인은 무엇이고 어떻게 극복하는지 선배 사회복지사의 솔직한 마음에 귀 기울여 보세요.

사람들을 많이 만나는 것이
때로는 힘들어요

사회복지사는 기쁘고 좋은 일이 있는 사람보다는 어렵고 힘든 상황에 부닥친 사람들을 더 많이 만나요. 어려움을 겪는 사람들은 정서적으로 불안정하고 공격적인 반응을 보이는 경우가 많죠. 사회복지사는 그런 상황에서도 도움을 드리고자 노력하지만, 좋지 않은 반응도 많아서 감정이 상하는 경험을 해요. 이럴 때 좀 힘들죠.

제가 복지관에서 일할 때는 하루에 1,200명이 넘는 사람을 만났어요. 노인 일자리에 참여하는 300명, 식사하러 오시는 어르신 300명, 방과후 교실 수업을 받으러 오는 초등학생들, 꽃꽂이나 컴퓨터 수업을 듣는 성인들을 비롯해 자원봉사자와 후원자도 있죠. 매일 수많은 사람과 만나 소통하는 서비스직이라 그에 따른 어려움도 있어요.

또 아무리 열심히 도와드려도 상황이 더 안 좋아지는 분들을 볼 때면 무력감이 들기도 해요. 병이 더 심해지거나 가족 관계가 더 나빠지는 분들을 보면 저도 괴롭죠. 걱정하는 마음으로 연락하고 찾아가면 귀찮다고 연락을 끊고 잠적하는 분들도 있어요. 하지만 그분들의 삶을 존중하고 그들의 결정을 인정해야 해요. 그리고 그분들이 언제든지 도움을 요청할 수 있도록 지켜보고 기다리는 거예요.

　사회복지사가 이 일을 하는 이유와 이 일을 그만두고 싶은 이유는 같은 것 같아요. 바로 사람 때문이죠. 도움을 받은 사람들이 더 나은 삶을 살게 되면 긍정적인 에너지가 솟고, 끊임없이 노력해도 변화가 없는 상황에서는 좌절감이 생기거든요.

어디서나 누군가를 도우려는 습관이 있어요

이 일을 하다 보면 직업적인 습관이 생기는 것 같아요. 어디에 갔는데 진행자가 버벅거리면 도와줘야 할 것 같고, 또 사람들과 함께 할 때면 항상 먼저 챙겨주게 돼요. 또 누가 말을 할 때는 경청하며 리액션을 많이 해요. 이런 습관은 좋아요.

하지만 일상에서 어려움을 겪는 사람들을 많이 만나면서 무감각해진 면이 있어요. 길거리에서 구걸하는 사람을 보면 돈을 주지 않아요. 왜냐하면 이분들이 이미 정부로부터 수급비와 장애인 수당 등을 받고 있다고 생각하기 때문이에요. 또 돈을 주지 않아야 구걸을 멈추게 할 수 있다는 생각도 하고요. 동시에 누군가의 강요로 구걸하는 것은 아닌지 의심하기도 해요. 정부나 민간 사회복지 서비스를 이용할 수 있을 텐데 왜 그렇게 하지 않는지 궁금하기도 하죠. 그래서 도와야 할지 말아야 할지 고민하는 때가 많죠.

문제를 해결하는 게
스트레스를 줄이는 방법이에요

저는 퇴근하면 되도록 일과 관련한 것은 생각하지 않으려고 노력해요. 사회복지사가 만나는 사람들의 대다수는 하루 이틀에 해결되지 않는 장기적인 문제를 가지고 있어요. 그런데 과도한 책임감으로 24시간 문제를 해결해야겠다는 생각에 얽매여서는 안 돼요. 냉정하게 문제를 분석하고 전문적으로 도움을 제공할 방법을 마련해야 하죠. 그래서 집에 돌아가면 최대한 업무 생각은 하지 않도록 노력하는 편이에요.

하지만 문제가 풀리지 않는 게 주된 스트레스인 것은 맞아요. 그래서 저는 심리학과 상담학을 꾸준히 학습해요. 좀처럼 이해하기 어려운 사람을 만나서 도와야 할 때가 많은데, 그들의 심리를 이해하고 대화를 잘 이끌기 위해 공부하는 거예요. 또 혼자서는 풀기 어려운 문제가 있으면 동료들이나 다른 분야 전문가들과 회의를 통해 문제를 해결할 방법을 찾기도 해요.

⊙ 외부 전문가들과 회의

CHAPTER. 07

사회복지사 전안나를

소개합니다

어려서 사회복지 시설에서 보살핌을 받고 자란 저자는 '나는 어떻게 살 것인가, 사람과 사회와 어떤 관계를 맺어야 하는가, 사회는 어떻게 사람들이 인간다운 삶을 누리도록 뒷받침해야 하는가?'라는 질문에 대한 답으로 사회복지사가 되기로 결심했어요. 그 꿈을 어떻게 이루게 되었는지, 사회복지사로 어떤 삶을 살았는지, 그리고 지금은 또 어떤 꿈을 꾸고 있는지 들어보아요.

책을 친구 삼았던 어린 시절

제가 어떤 이유로 친부모님 곁을 떠나 보육원에서 살게 되었는지는 모르겠지만, 저의 기억은 보육원에서 시작해요. 다섯 살 때 입양되었는데 양부모님이 저를 학대했어요. 이러한 경험이 제게 사회복지에 대한 깊은 관심을 불러일으켰어요. 소외된 사람들을 돕고, 누구나 존엄성을 가지고 살아갈 수 있도록 힘을 보태고 싶다는 강한 열망이 있었어요.

여섯 살 때부터 집에 있는 모든 책을 닥치는 대로 읽기 시작했어요. 셜록 홈스 같은 추리 소설부터 세계 동화, 위인전까지 다양한 장르의 책을 탐독했어요. 책을 읽으면서 저는 세상에 대한 호기심과 의문을 키워나갔죠. 위인전집을 읽다 보면 1번 책에서는 태조 이성계가 조선을 건국한 훌륭한 지도자로 묘사돼요. 하지만 30번 책에서는 정몽주가 이성계를 반역자라고 하죠. 이렇게 서로 다른 해석들은 저에게 역사의 다양성과 주관성에 관한 질문을 던지는 계기가 되었어요. 이런 고민과 성찰을 통해 저는 어릴 때부터 남들과는 조금 다른 생각을 하는 아이로 성장했어요.

고등학교 2학년 때
사회복지사가 되기로 결심했어요

　청소년 시기에 저는 방황하는 시간을 많이 보냈어요. 겉으로는 아무것도 티 나지 않는 성실한 학생이었지만, 내면에는 항상 고민과 갈등을 안고 있었어요. 그러한 고민을 해결하는 데 책이 큰 도움이 되었죠. 고등학교 2학년 때 진로 탐색 책을 보다가 사회복지학이 궁금해졌어요. 당시 저는 사회복지와 상담 중 어떤 분야를 선택할까, 고민이 많았어요. 상담이 개인의 내면을 깊이 파고드는 학문이라면, 사회복지는 개인과 사회의 관계를 함께 살펴본다는 차이가 있었어요. 청소년이었던 저에게는 단순히 인간만을 이해하는 것으로는 부족하다고 느꼈죠. '어려움이 무엇인가? 그 원인은 내 안에 있는데 무엇일까? 어떻게 스스로 해결할까?' 등 개인 내면에 대한 문제가 상담 분야의 주요 주제라면, '어려움이 무엇인가? 개인적인 원인과 사회적인 원인은 무엇일까? 이 문제 해결을 위해 개인이 해야 할 것과, 사회가 해야 할 것은 무엇인가?' 등 개인의 어려움을 사회와 함께 살펴보는 것이 사회복지의 주요 주제라고 생각했어요. 그래서 상담보다는 사회복지학을 선택하게 되었어요.

학습의 즐거움을 알고
리더십을 키웠던 대학 시절

　대학에 진학하면서 저의 삶은 크게 달라졌어요. 환경과 인간, 가족 관계, 사회와 인간의 상호작용에 관한 공부를 하면서 처음으로 진정한 학습의 즐거움을 알게 되었죠. 꾸준한 노력 끝에 학과 수석을 차지하고, 과대표, 총학생회 부회장 등의 역할을 하며 리더십과 책임감을 키울 수 있었어요.

　사실 제가 학업과 활동에 적극적으로 참여했던 데는 경제적인 어려움을 극복하려는 마음이 컸어요. 가정형편이 어려워 스스로 학비와 생활비를 마련해야 했거든요. 공부하면서 아르바이트까지 하려니 힘들더라고요. 몇백만 원이나 되는 등록금을 안 낼 수 있는 방법은 장학금을 타는 거였어요. 꾸준한 노력 끝에 성적 장학금, 활동 장학금, 봉사 장학금 등 다양한 장학금을 받으면서 학업 목표도 달성했어요. 그게 신의 한 수였죠. 대학교에서 우수한 성적을 유지하며 리더의 역할을 하는 저를 눈여겨 보고 계셨던 교수님께서 사회복지관에 저를 직원으로 추천해 주셨거든요.

사회복지관에서
즐겁고 보람차게 일했어요

　교수님의 소개로 입사한 사회복지관에서 저는 사회복지사로 20여 년 동안 일했어요. 일하는 동안 매 순간이 값진 경험이었고, 하루하루 보람찬 일을 할 수 있었죠. 무엇보다 행운이라고 생각했던 것은 그곳이 정말 훌륭한 곳이었기 때문이에요. 존경받는 리더가 있었고, 사회복지사들이 전문성을 키울 수 있도록 다양한 교육 지원을 아끼지 않았어요. 장기근속 휴가 제도가 없을 때였는데, 제도를 만들어 사회복지사들이 지친 몸과 마음을 회복할 있는 기회를 주고, 직원들의 복지와 성장을 위해 노력하는 멋진 어른들이 있었어요.

　든든한 선배 사회복지사들이 있어서 큰 힘을 얻을 수 있었죠. 힘들 때마다 따뜻한 커피와 맛있는 식사, 그리고 진심 어린 조언과 위로도 해 주시고 부족한 부분을 채울 수 있도록 지도해 주셨어요. 그곳에서 15년 이상 함께 일한 소중한 동료 사회복지사들도 있어요. 그들의 헌신과 협력 덕분에 오랜 시간 즐겁고 보람찬 일을 할 수 있었다고 생각해요.

⊕ 행정 업무하는 사회복지사

프리랜서 사회복지사로 새로운 도전

20년 동안 일했던 사회복지관에서 퇴사하고 지금은 프리랜서 사회복지사로 일하고 있어요. 제가 퇴사하자 사람들이 그렇게 좋은 기관을 왜 나왔냐고 물어보는데, 답은 더 넓은 경험을 하고 싶다는 거였어요. 사실 서울에 있는 단 한 곳의 기관에서만 일했다는 저의 경력은 장점일 수도 있지만 약점이 되기도 해요. 그래서 프리랜서 사회복지사가 되어 전국 각지의 다양한 환경에서 일하며 더욱 넓은 경험을 쌓고 싶었어요.

프리랜서 사회복지사가 된 후 저는 전국 각지의 다양한 사회복지기관 (복지관, 지역아동센터, 협회, 장애인 생활 시설)에서 사회복지 지식을 전파하는 강연을 중심으로 활발하게 활동하고 있어요. 이렇게 사회복지사를 대상으로 전국 순회강연과 더불어 대학교에서도 강의하고, 복지시설 이용 어르신, 장애 아동 보호자, 가족 돌봄 청년, 자립 준비 청년을 대상으로 책 쓰기 수업을 진행하고 있어요.

세상을 바꿀 기회를 제시하는
꿈을 꾸어요

저는 어린 시절 사회복지 시설에서 보살핌을 받았어요. 그러나 사회복지 학문을 공부하면서 저의 어린 시절과 사회에 대해 깊이 이해할 수 있었어요. 그래서 함께 살지 못한 친부모와 나를 학대했던 양부모까지 이해할 수 있었죠. 어려운 환경 속에서도 희망을 잃지 않고 사회복지사의 꿈을 꾸었던 저는 지금 그 꿈을 이루었어요. 꿈을 이룬 지금도 저는 사회복지의 매력에 사로잡혀 있어요.

그리고 새로운 꿈도 꾸어요. 사회복지사는 단순히 좋은 일을 하는 사람을 넘어 사회문제를 해결하고 예방하는 전문가예요. 사람과 사회를 연결하고 변화를 이끄는 존재죠. 앞으로 우리나라가 복지국가로 발전하고 모든 국민이 보편적 사회복지의 혜택을 누리게 되었으면 좋겠어요. 그래서 저는 앞으로도 사회복지사라는 의미 있는 직업을 통해 세상을 바꿀 기회를 제공하고 싶어요.

CHAPTER. 8

10문 10답

앞에서 미처 해결하지 못한 궁금증을 해결하는 시간! 이 직업의 이해를 도와줄 영화와 책은 무엇인지, 사회복지사가 일하는 곳에 따라 달라지는 일은 무엇인지, 자원봉사자와 후원자는 어떤 활동을 하는지도 알아보아요.

영국 영화 <추방된 아이들>(2010년)이라는 영화가 있어요. 사회복지사인 주인공은 오래전 영국에서 호주로 수많은 아이가 강제로 보내진 사실을 알게 돼요. 주인공은 이유도 모르고 수십 년간 헤어지게 된 아이들과 가족을 만나게 해 주는 한편, 이런 일을 벌인 영국 정부의 만행을 국제사회에 알리는 일을 해요. 실제로 있었던 일을 바탕으로 한 영화예요. 일본 드라마 <사일런트 푸어>(2014년)는 사회복지사가 지역사회의 노인과 저소득층을 돕는 모습을 잘 보여주고 있고, 우리나라 영화 <감쪽같은 그녀>(2019년)는 독거노인의 시설 입소, 병원 동행, 손녀의 입양 과정에서 다양한 역할을 하는 사회복지사의 모습이 그려졌어요. 또 드라마 <슬기로운 의사생활>(2020년)에서는 아동 보호 전문기관의 사회복지사와 병원에서 일하는 의료사회복지사가 잠시 등장해 환자의 복지와 관련한 일을 담당하는 모습이 나왔죠. 그리고 네이버 웹툰 <착한 여자 안선해>(2023년)라는 작품을 보면 초반에 사회복지사의 역할이 잘 묘사되어 있어요.

존경하는 인물은 누구인가요?

저는 역사 속 인물 중에서 헬렌 켈러를 가장 존경해요. 흔히 헬렌 켈러를 시청각 장애인으로만 알고 있지만, 실제로는 장애인 복지 활동과 인권 증진 운동에 헌신한 인물이었어요. 당시에는 사회복지사 자격증 제도가 없었지만, 헬렌 켈러의 활동을 현대 사회복지사의 역할과 비교해 보면 장애인 사회복지사의 활동과 맞닿아 있어요. 그녀는 사회 전반에 걸쳐 장애인 권익 증진을 위한 활동을 펼쳤으며 여성 참정권 운동에도 앞장섰어요. 또한 기부금을 모금하여 장애인 교육 기관을 설립해 운영하는 등 헌신적인 노력을 기울였죠. 장애인 인권 운동에 헌신하며 탁월한 활동을 펼친 분이에요.

가까운 곳에서 만난 사회복지사 중에는 이명묵 사회복지사를 소개하고 싶어요. 아동 시설과 장애인 시설에서 일하다 정년 퇴임한 사회복지사인데요. 정년 퇴임 후에도 사회복지 전문 출판사를 운영하고, '세상을 바꾸는 사회복지사' 사회운동을 펼쳤어요. 또 사회복지사를 위한 공간을 운영하면서 활동을 이어가고 있는 분이에요. 특히 '세상을 바꾸는 사회복지사'는 어린이 건강권과 생명권 운동인 어린이병원비 국가보장 운동, 주거권 운동, 빈곤노인 연금보장 운동 등 다양한 사회복지 문제 해결을 위해 현장의 많은 사회복지사들이 직접 나서 토론회를 개최하고, 시위에 참여하고, 신문 광고 등의 활동을 펼치고 있어요. 이러한 사회복지사들의 헌신적인 모습을 보면 저도 65세가 넘어 은퇴하더라도 사회복지사로서 사회에 이바지하는 삶을 살고 싶다는 생각이 들어요.

⊙ 세상을바꾸는사회복지사 이명묵

⊙ 세상을바꾸는사회복지사 이명묵

사회복지관을 운영하는 비용은 어디서 나오나요?

사회복지관은 국민의 세금으로 운영되는 것이 맞다고 생각해요. 국민을 대상으로 국가가 해야 하는 사회복지 서비스를 제공하기 때문이죠. 하지만 일부 직원의 인건비와 운영비의 일부만 정부에서 지원하고, 나머지는 개인이나 기업의 후원금과 이용자의 이용료로 운영하고 있어요. 사회복지관은 돈을 버는 사업을 할 수가 없어요. 복지 서비스 이용자로부터 이용료를 받을 수도 없고요. 왜냐하면 복지 서비스는 이용자의 권리로서 돈을 받지 않고 제공되어야 하거든요. 다만 복지 대상자가 아닌 일반인이 이용하는 경우는 일부 이용료를 받을 수 있지만, 그 금액은 아주 적어요.

그래서 사회복지사들이 다양한 노력을 통해 복지 예산을 확보하려고 애쓰고 있어요. 예를 들어 독거노인 100명에게 매일 점심을 제공하는 사업을 하려면 하루에 40만 원, 한 달에 1,200만 원, 1년에 1억 5천만 원이 필요해요. 이 비용을 마련하기 위해 정부 기관, 기업, 개인 후원자 등에게 사업 계획서와 제안서를 보내요. 또한, 사회복지관 스스로 직접 모금을 진행하거나 사랑의 열매 사회복지 공동모금회, 월드비전, 초록우산 어린이재단 등의 전문 모금기관과 협력하기도 해요. 전문 모금기관에서는 사회복지사들이 기업과 일반 국민을 대상으로 적극적인 모금 활동을 진행해요. 모금된 자금의 일부는 그 기관에서 하는 사업에 쓰이고, 일부는 개별 사회복지관을 후원하는 데 쓰이죠.

어린이에게 추천하는
책이 있다면?

사회복지에 관한 책은 많이 나와 있어요. 어린이가 읽을 수 있는 책도 많으니 찾아보면 좋을 거예요. 그중에 『나는 학교 사회복지사, 오늘도 학교 갑니다』라는 책을 소개할게요. 여러분이 다니는 학교에도 복지 선생님이 있나요? 학교에서 일하는 사회복지사 선생님을 줄여서 그렇게 부르는데요. 현재 전국에 15% 정도의 학교에 사회복지사가 근무하고 있어요. 이런 복지 선생님 7명이 함께 쓴 이 책은 학교에서 어떤 아이들을 만나서 어떻게 사회복지를 하는지 알려준답니다. 하지만 어린이책으로 사회복지를 이해하는 건 한계가 있어요. 그래서 여러분이 청소년 시기에 읽을 수 있는 책을 미리 몇 권 추천할게요.

먼저 다양한 사회문제를 이해하는 데 도움이 되는 『아픔이 길이 되려면』을 추천해요. 공중보건의사인 저자가 왜 가난한 사람들이 더 많이 아플까 하는 의문을 품고 혐오, 차별, 불안, 참사 등 사회적 상처를 깊이 있게 다룬 책이에요. 그리고 여러 가지 가족 문제를 이해할 수 있는 『이상

한 정상 가족』이라는 책이 있어요. 한국 사회에서 가족이란 무엇인가를 생각하고, 가족복지와 아동복지에 대해 생각하게 하는 책이죠.

　다음으로 사회복지기관을 이용하면서 자란 아이들을 이해하는 데 도움이 되는 『가난한 아이들은 어떻게 어른이 되는가』를 추천해요. 교사였던 저자는 가정에서 방임되는 아이들을 보고 학교 사회복지를 공부하게 돼요. 빈곤 가정에서 태어나 복지관과 아동복지센터를 이용하며 자란 여덟 명의 아이와 10여 년간 만나며 가난한 청소년이 청년이 되면서 처하게 되는 문제를 다루었어요.

소속 기관에 따라
하는 일은 어떻게 달라지나요?

우리나라에는 다양한 사회복지기관이 있어요. 사회복지사는 소속한 기관과 맡은 업무에 따라 다양한 일을 하는데요. 여기서는 사회복지사의 몇 가지 역할을 소개할게요.

사회복지관에서 경로식당을 담당하는 사회복지사가 있어요. 어르신이나 장애인에게 식생활 지원을 제공하는 일로 복지관에 방문하는 분들에게 음식을 제공하고, 거동이 불편한 분들에게는 점심 식사를 가져다드리죠. 또 매일 식사 지원 현황을 기록하고, 결석한 분들의 안부를 확인하고, 지원이 필요하면 다른 전문가들과 협의하고, 사업 관련한 행정 업무를 진행해요.

지역아동센터는 초등학생이나 중학생이 하교 후에 방문하는 곳이에요. 이곳에서 일하는 사회복지사는 오전에 학생들의 프로그램을 준비하고 부모 상담 등을 진행해요. 오후에 아이들이 오면 숙제와 학습을 지도

하고, 센터에서 마련한 프로그램을 진행하고, 간식과 저녁 식사를 제공하죠.

아동 생활 시설에도 사회복지사가 있는데요. 가정에서 생활할 수 없는 아동과 청소년이 생활하는 시설로 24시간 사회복지사의 손길이 필요해요. 그래서 사회복지사들은 하루 8시간 3교대로 근무하거나 하루 12시간 2교대로 근무하죠. 아이들의 학습지도, 생활관 청소와 세탁, 식사 등 아이들이 생활하는 데 불편함이 없도록 돌보는 일을 해요. 또 심리적인 어려움을 겪는 아이들과 상담하며 정서적인 안정을 주기 위해 노력하죠.

중증 장애인 생활 시설에서 일하는 사회복지사도 있어요. 중증 장애인은 일상생활을 스스로 수행하기 어려운 분들로 사회복지사는 식사, 배설, 옷 관리, 약 복용 등 그분들의 모든 활동에 도움을 주고 있어요. 24시간 365일 도와줘야 하므로 2교대나 3교대로 근무해요.

사회복지사는 미래에도 필요한 직업일까요?

사회복지사는 인공지능이 대체할 수 없는 직업으로 인정받고 있어요. 사람을 직접 만나서 소통하고 문제를 해결하는 일이기 때문이에요. 인공지능이 아무리 발전했다고 해도 사람들은 여전히 사람과 직접 소통하고 공감을 나누고 싶어 해요. 인공지능은 사람과 사람을 연결하고, 사람과 사회를 연결해 공동체를 형성하는 분야에서는 아직 부족한 부분이 있어요. 바로 이런 이유로 사회복지사의 역할이 더욱 중요해질 거라고 예상해요.

사회문제는 날로 복잡해지고 있어요. 이에 따라 사회복지 영역이 더 중요해지고 있고요. 최근 사회복지 분야에 새로운 용어가 등장했어요. '자립 준비 청년'과 '영케어러'인데요. 영케어러는 가족 돌봄을 하는 자녀를 뜻하는 말로 가족 돌봄 청년이라고 불러요. 이들은 부모, 조부모 등 가족들을 돌보면서 학교에 다녀요. 또한 보육원 출신 청년들은 아직 자립 준비가 되지 않았는데도 누구의 돌봄도 받지 못하고 자립해야 해요. 이런 청년들을 자립 준비 청년이라고 하는데, 자립 과정에서 겪는 어려움과 고독 문제는 사회적인 문제이기도 해요. 이렇듯 사회가 해결해야 할 문제가 끊임없이 증가하고 있으므로 사회복지 영역은 더욱 확대되고, 사회복지사의 전문적인 역할이 더 중요해질 거예요.

연봉은 얼마나 되나요?

　사회복지사의 연봉은 고용 형태에 따라 차이가 있어요. 정규직인가 계약직인가에 따라 다르고, 어느 지역에서 근무하는가, 어느 기관에서 근무하는가에 따라서도 달라요. 서울의 복지관에 정규직으로 입사하면 기본급 250여만 원과 수당을 받아요. 수당은 급식비, 시간 외 근무수당, 가족 수당, 명절 수당, 복지포인트, 법인 수당 등 다양해요. 수당은 개인의 직급이나 직무에 따라 최저 30여만 원에서 몇백만 원까지 지급돼요. 복지관은 사회복지사의 직급 체계가 5급에서 1급까지 있어요. 처음엔 5급으로 시작해 연차가 쌓이면서 직급과 연봉이 올라가는 거예요. 정부 세금으로 급여가 나오기 때문에 공무원 급여가 인상될 때 같은 비율로 사회복지사의 급여도 인상돼요.

사회복지사의 복지혜택은 어떤가요?

사회복지사는 공무원이 아니어서 일반 근로자와 마찬가지로 4대 보험에 가입하고 국민연금을 받아요. 하지만 사회복지기관 기관장은 만 65세까지, 직원은 만 60세까지 근무할 수 있어 정년이 보장되는 직업이에요. 그래서 나이가 많아 새로운 직업을 시작하기 어려운 늦깎이 사회복지사들이 두 번째 직업으로 사회복지 공부를 하는 예가 많아요.

사회복지사는 연차휴가와 5년 단위로 장기근속 휴가를 추가로 받을 수 있어요. 몸이 아플 때는 최대 60일까지 유급 병가 휴가를 이용할 수 있고, 임신 및 출산에 따르는 각종 휴가를 지원받을 수 있어요.

사회복지사를 위한 다양한 지원 시스템도 운영되고 있어요. 사회복지사협회는 사회복지사 자격증 소지자가 회비를 내면 가입할 수 있는데요. 협회에서는 해외 연수, 다양한 문화 활동, 건강검진 비용 상담 및 심리 검사 서비스도 제공해요.

우리나라 사회복지 수준은
어느 정도인가요?

우리나라의 복지 수준을 이해하려면 먼저 복지 국가의 두 가지 유형을 알아야 해요. 복지국가는 크게 미국 유형과 스웨덴 유형으로 나눌 수 있어요.

미국은 개인의 자립과 자기 책임을 최고의 가치로 삼기 때문에 사회복지 대상을 엄격하게 선정해요. 건강보험의 경우 개인이 따로 보험을 들거나, 회사에서 제공하는 회사 보험을 이용할 수 있어요. 문제는 저소득층이나 실직자가 보험료를 내지 못했을 때 보험 혜택을 받을 수 없다는 거예요. 그래서 큰 병에 걸렸을 때 병원비를 마련하는 일로 경제적인 어려움을 겪는 사람이 많아요.

반면에 스웨덴은 모든 국민에게 일자리를 제공하는 대신 세금을 많이 받아요. 받은 세금으로 모든 국민에게 동등한 복지혜택을 제공해서 모든 국민이 일정한 수준 이상의 삶을 누리도록 해요. 대표적으로 모든 국민에게 무료로 의료 서비스를 제공하고 있죠.

우리나라는 미국과 스웨덴의 중간 형태의 특징을 가지고 있지만, 어디에도 속하지 않는 고유한 방식으로 운영돼요. 스웨덴만큼 완벽하지는 않지만, 국민연금, 실업보험, 고용보험, 건강보험 등 4대 사회보험 제도를 갖추고 있어요. 국민의 90%는 건강보험 혜택을 누리고 있으니까 매우 긍정적이라고 할 수 있어요.

현재 우리나라의 복지 예산 규모는 전 세계적으로 상위권에 속하지만, OECD 가입국 기준으로는 낮은 편이에요. 2021년 말 기준으로 우리나라의 복지 예산 규모는 상위 38개국 중에서 35위를 차지했어요. 하지만 이것으로 우리나라의 복지 수준이 낮다고 할 수는 없어요. 2011년에 비하면 복지 지출 규모가 1.5배로 증가했어요. 이것은 우리 정부가 사회복지 정책에 대한 투자를 계속 확대하고 있다는 것을 보여주는 거예요. 물론 아직 개선해야 할 부분도 많지만 우리나라는 꾸준한 노력을 통해 복지국가로 나아가고 있으며, 앞으로 더욱 발전된 복지 정책을 기대할 수 있을 거예요.

자원봉사자와 후원자는 어떤 활동을 하나요?

자원봉사자는 대가 없이 자신의 시간과 노동력을 기부하는 분들로 사회복지사는 이러한 자원봉사 활동이 가능하도록 장을 만들어 주는 역할을 해요. 자원봉사자가 언제 어디를 방문해 어떤 활동을 하는지 안내해 주고, 처음 방문하는 분들을 위해 자원봉사자 교육 프로그램도 운영해요.

후원자는 개인이나 단체가 사회복지 사업을 위해 자금을 기부하는 사람이에요. 연예인이나 팬클럽이 후원에 참여하는 경우가 많아요. 사회복지사는 후원금이 효과적으로 쓰일 수 있도록 후원이 필요한 사람을 찾아 정확하게 전달하고, 후원금이 후원자의 의도에 맞게 사용되도록 책임을 져요.

이렇게 사회복지사는 자원봉사자와 후원자를 모집하고 교육하며, 실제 활동에 참여할 수 있도록 지원하죠. 필요한 사람에게 적절한 지원이 연결될 수 있도록 하고, 활동 과정을 모니터링하며 관리하고요.

⊙ 후원 금품 전달식

✓ 스마트폰 기초 사용법안내!!!   ✓ 친절한 설명!!!

' 스마트폰 무엇이든 물어보세요 '

스마트폰 안내 봉사활동을 정기적으로 진행하여 궁금한것이 생겼을때
언제든 복지관에 방문해 물어보고, 지역주민들이 스마트폰을 일상생활에서
손쉽게 활용할 수 있도록 도와드리고있습니다.
매주 3명의 선생님들이 오셔서 1:1로 친절히 알려주십니다.

CHAPTER. 09

사회복지사의 업무 엿보기

장학금 사업 후원 제안서

우리 사회에는 후원이 필요한 사람들이 있고, 후원을 하고 싶어 하는 사람들이 있어요.

한 어르신이 유산으로 장학금을 기부해 주셨는데, 장학금이 거의 다 사용되어 신규로 후원할 분을 모집하는 제안서입니다.

유○○ 장학금 후원자가 되어주세요.

우리 기관은 19○○년 영구 임대 아파트 단지와 함께 문을 열었습니다. 본격적으로 기관을 운영하기 시작한 19○○년부터 유○○ 어르신은 우리 기관 회원이 되었습니다. 무료 진료, 경로식당, 한글 교실, 노래 교실, 나들이 등 다양한 프로그램을 이용하던 어르신께서는 20○○년 천식으로 병원에 입원하셨습니다. 병원 진료에 동행했던 사회복지사에게 어르신은 어린 시절 이야기를 털어놓으셨습니다.

"내가 새어머니 아래서 자랐어. 새어머니가 '너는 여자니까 학교를 안 다녀도 된다.'고 했어. 어릴 때는 학교 안 가고 노는 것이 너무 좋아서 아무 생각 없이 놀기만 했어. 그런데 이렇게 나이를 먹고 나니까 까막눈이고 배우지 못한 것이 그렇게 한이 돼. 난 지금도 돈이 없어서 배우지 못하는 아이들이 있으면 너무 불쌍하고 눈물이 나. 아버지에게 물려받은 돈과 그동안 모은 돈이 500만 원 정도 있으니 그걸 공부하고 싶은 아이들 학원비나 책값 등 장학금으로 사용해 줘. 나를 20년 동안 돌봐준 복지관에 정말 고마워서 그래"라고 말씀하셨습니다.

하지만, 어르신은 혼자 사는 독거세대이고, 자녀도 없고 수급자이셔서 저희는 만류했습니다. "어르신 정말 감사한데요, 그 돈 다 내시면 어떻게 살아요. 몸이 아프면 병원 오고, 먹고 싶은 거 먹으려면 돈이 있어야 해요. 어르신 마음만 받을게요."라고 말씀드렸습니다. 어르신이 거듭 장학금 이야기를 했지만, 어르신의 전 재산이기에 조금 더 상황을 보고 다시 이야기하기로 했습니다.

한 달여가 지나고 퇴원 후 가쁜 숨을 몰아쉬며 복지관에 찾아오신 어르신은 "정말로 아이들에게 주었으면 좋겠다" 라고 장학금 기부 의사를 다시 밝히셨습니다. 더 이상 어르신을 만류할 수 없었던 저희는 어르신과 후원 약정서를 쓰고, 함께 은행에 가서 돈을 찾아서 봉투에 넣고, 장학금 전달식을 했습니다. 이 장학금이 바로 유○○ 장학금의 시작입니다.

유○○ 장학금은 수급이거나 차상위 등 사회적 제도를 기준으로 선발하지 않고 세심한 인테이크를 통해 진로를 뚜렷이 설정한 아이에게 장학금으로 사용하고 있습니다. 장학생 김○○ 학생은 애니메이션 그리기에 필요한 미술용품과 컴퓨터용품, 학원비를 지원받아, 애니메이션 전공으로 고등학교-대학교를 진학하였습니다. 또 다른 장학생 이○○ 학생은 한국 무용 전공을 꿈꾸며 연습실 대여비, 연습복 구입비, 레슨비를 지원하며 꿈을 키우고 있습니다. 지난 5년간 10여 명의 장학생의 학원비와 교재비 구입에 사용하며 아이들의 진로에 큰 도움이 되었습니다. 어르신께서는 장학금 전달 다음 해에 사망하셨고, 유○○ 기금은 이제 바닥을 드러내고 있습니다.

　어르신께서는 본인의 이름을 밝히지 말아 달라고 했지만, 저희는 이 기금을 [유○○ 장학금]이라고 명명하며 어르신의 뜻을 5년째 기리고 있습니다. 저희는 앞으로도 어르신의 뜻을 기려 돈이 없어서 배우지 못하는 아이들이 없도록 유○○ 장학금을 이어가려고 합니다. 여러분께서 유○○ 장학금 후원자가 되어주신다면 꼭 필요한 아이들의 학원비, 교재비, 학용품 구입비로 사용하겠습니다. 클라우딩 펀딩 목표 금액은 어르신께서 첫 후원해 주셨던 금액과 동일한 500만 원입니다.

　　　　유○○ 장학금의 후원자가 되어주세요.

장애인 생활실 운영 일지

장애인이 생활하는 곳에서는 '방'을 생활실이라고 부르는데요, 매일 몇 명이 이용했고, 하루 동안 어떤 프로그램을 진행했는지와 이용자의 특이 사항을 기록으로 남기고 있어요.

일자	2025. 6. 25.(수) 08:00~18:30		
이용 현황	정원	현원	사유
	25	24	외출 홍길동 9:00~17:00
일과 운영	7:00~8:00 기상, 이불 개기, 환복 8:00~9:00 조식 9:00~10:00 자유 활동 10:00~10:30 오전 간식 10:30~12:00 오전 집단활동 12:00~13:00 중식 13:00~15:00 노래교실 15:00~15:30 오후 간식 15:30~17:30 자유 활동 17:30~19:00 저녁 식사 19:00~21:00 개별 케어 21:00~22:00 취침 준비 22:00~익일 7:00 이용자 취침, 라운딩		

직원 간 공지	가정용품 재고 확인 내일 오후 이 미용 관련 의견 파악
외부 연락 및 방문	홍길동 회원-보호자 전화: 외출 안내하고 내일 통화 예정 김은정 회원: 보호자와 줌으로 비대면 면담 진행함
시설/비품 점검 사항	이불장/개인 사물함/집기 비품/세탁물/화장실/주방 정리 정돈 적절함 생활 실내에서 불쾌한 냄새가 남-안전 관리인에게 요청 필요

생활인 관찰 및 상담 내용

일상 생활	이상호 회원: 식사 후 약을 입에 머금고 있는 모습 발견. 약 복용 확인 필요
정서 및 심리	홍길동 회원: 코로나로 우울감을 호소해서 자원봉사자와 함께 8시간 외출 진행함
학습 및 직업	김은정 회원: 노래교실 시간에 적극적으로 참여하는 모습을 보임. 참여 중 옆 회원에 책을 뺏으려는 돌발 행동 보임
여가 및 행사	특이 사항 없음

서비스 상담 기록지

사회복지기관에서는 적절한 분에게 서비스를 제공하기 위해 사전, 진행 중, 사후 단계별로 상담을 진행해요. 상담 내용은 상담 일지에 기록합니다.

대상자	홍길동	대상자 번호	2025-56호
상담 일자	2025-10-19	접수자 명	전안나 사회복지사
상담 구분	신규/계속	상담 형태	2. 방문
상담 분야	3. 서비스 상담	상담 코드	경로식당
상담 제목	코로나로 인한 변화 욕구 파악 상담		

기본 정보
1. 보호 구분
 · 수급 (장애연금, 기초연금, 수급비 50여만 원 수입)
 · 수입 대비 지출 적절하며 부채 없음 (통장관리: 동사무소 이○○ 주무관)

2. 건강 상태
  · 알츠하이머 치매 (20○○ ○○병원 신경과 진단)
  · 고혈압, 만성동맥폐색증 약 복용 중 (투약 관리: 보건소 김○○ 간호사)

3. 일상생활
  · 노인성 질환으로 일상생활에 어려움이 있음
  · 장기 요양 3등급 ○○재가센터 요양보호사 월~금, 9~12 활동 (연락처: 010-○
    ○○○-○○○○)

4. 세대 구분
  · 배우자 사별(20○○년)로 인한 독거
  · 1남 1녀 있으며 정기적인 왕래 없음
  · 부산 거주 딸과 수시 전화 연락 가능 (연락처: 010-○○○○-○○○○)

5. 주거 안정
  · 영구 임대 아파트 거주
  · 관리비 체납 없이 납부

코로나로 인한 변화 욕구
· 식사: 경로식당 이용 중. 식당에 나와서 밥 먹고 싶다고 표현함. 대체식보다 바로
  먹을 수 있는 반찬/도시락 선호함
· 심리사회: 코로나로 복지관 방문이 어려워져서 혼자 지낼 때가 많아 우울감 무기
  력감을 표현. 자주 만나는 사람이 거의 없으며 여러 사람이 모여 있는 자리는 피
  하는 편. 이웃 한 명 외에 친구 없음. 대부분 시간을 집에서 TV 봄

상담자 의견
  · 미래 계획 시 질병이 심화하면 요양시설 입소에 대해 생각하고 있으며, 해당
    신청 과정 도움을 요청하심
  · 대학생 전화 심리 지원 서비스 연계 대상자로 추천

상담 결과
  · 장기요양시설 또는 요양병원 입원에 대한 욕구를 표현함. 시설 등급 판정을
    통한 요양시설 입소 계획 필요
  · 관련 사안에 대한 보호자 의견 파악 및 진행 가능 여부 확인 필요

사례관리 요약 기록지

복합적인 문제를 가진 가정은 본인뿐 아니라 가족, 가계도, 사회적 지지망, 의식주, 비전/진로, 정서문화, 가정환경 등을 종합적으로 파악해 전문적으로 개입해요.

사례 정보

이름 김○○ (중1/한부모 가정/수급)

1. CT의 강점:

차분하고 성실하고 예의가 바름. 학교나 학원에서 선생님들에게 칭찬을 많이 받으며 인정받음. 학업 성취도가 높은 편이며 친구들과 관계 원만

2. 가족의 강점:

CT 모가 자녀와 대화를 많이 하며 자녀와 모친의 관계가 좋음. 같은 구에 외조모가 거주하며 아동 양육에 대해 필요시 도움을 주심. 모친이 아르바이트를 통해 경제활동을 하려는 의지가 있음

---

3. 가계도 분석:

CT 모가 어린이집 교사로 일하던 중 ○○사건이 발생하여 보상금을 지불하면서 일반 수급자가 되었으며 이때 남편과 이혼함(○○년). 현재 모친이 자녀를 양육하고 남는 시간 동안 아르바이트를 하고, 필요시 외조모의 도움을 받음

4. 사회적 지지망:

공식적인 지지자 원 – 동사무소(수급 급여 85만 원/모자 세대), 복지관(방과 후 교실, 결연 후원, 석식 · 도시락 지원), 학교(담임교사)/비공식적 지지 자원-외조모

5. 의식주:

식생활은 하루 두 끼 식사 중으로 점심은 학교, 저녁은 집에서 먹음. 저녁 시간 모가 아르바이트로 부재하여 아동 석식 서비스 연계 중. 키가 크고 마른 편으로 안경 착용. 의복 관리 잘되나 보유는 적은 편

6. 비전/진로:

구체적인 비전이나 진로 계획 없음. 하고 싶은 것은 있으나 정확히 수립한 계획은 없음. 학습에 대한 지원이 필요하다고 CT 모가 말하여 무료 학원 서비스 연계 중

7. 정서/문화:

가족이 함께 문화 체험을 한 적이 없으며 학교나 복지관의 문화 체험 이용 중, 자신의 감정 표현 부족. 사춘기로 가끔 신경질적인 반응이 있으나 인지, 행동, 학습, 예절 모두 뛰어남. 자신에 대한 표현, 상대에 대한 인식과 이해하는 능력 보통이며 대인관계는 전반적으로 원만함

8. 가정환경:

가족 관계 좋으며 양육자 역할 바람직하고 주거 관리 적절히 됨

담당자 의견

• CT: 사춘기로 인해 교사, 부모, 친구들과 갈등에 대한 정서적
지지와 상담 필요

• CT 모: 민사소송/합의 등 법적 절차에 대한 정보, 사춘기
자녀 지도에 대한 양육 방법, 정보 부모 교육 필요. 부채
상환과 개인 파산 면제 위한 격려

CHAPTER. 10

나도 사회복지사

우리나라의 다양한 복지제도를 알아봐요. 보건복지부에서 운영하는 [복지로] 누리집 https://www.bokjiro.go.kr에서 제공하는 서비스 목록을 통해 생애 주기, 가구 유형, 관심 주제에 맞는 다양한 복지제도를 찾아볼 수 있어요.

출처: 복지로 홈페이지

서비스 목록 생애 주기에서 한 개 유형을 정해 제도를 찾아보고, 이름과 내용을 간단히 적어보세요.

☐ 임신·출산   ☐ 영유아   ☐ 아동   ☐ 청소년
☐ 청년   ☐ 중장년   ☐ 노년

제도명: 제도명:

내용: 내용:

제도명: 제도명:

내용: 내용:

가구 상황에서 한 개 유형을 정해 제도를 찾아보고, 이름과 내용을
간단히 적어보세요.

□ 지소득   □ 장애인   □ 한 부모·조손
□ 다자녀   □ 다문화·탈북민   □ 보훈대상자

제도명: 제도명:

내용: 내용:

제도명: 제도명:

내용: 내용:

관심 주제에서 한 개 유형을 정해 제도를 찾아보고, 이름과 내용을
간단히 적어보세요.

□ 신체 건강   □ 정신건강   □ 생활 지원   □ 주거
□ 일자리   □ 문화·여가   □ 안전·위기   □ 임신·출산
□ 보육   □ 교육   □ 입양·위탁   □ 보호·돌봄
□ 서민금융   □ 법률

제도명:	제도명:
내용:	내용:
제도명:	제도명:
내용:	내용:

여러분이 살고 있는 지역에는 어떤 사회복지기관이 있나요? 우리 동네 사회복지기관을 직접 찾아가거나, 인터넷 검색, 리플릿 등을 통해 탐방 보고서를 작성해 보세요. (복지로 홈페이지에서도 검색 가능)

기관명	
기관 주소	
기관 연락처	
몇 년도부터 있었나요?	
어떤 사회복지를 하는 곳인가요?	
기관 종류는 무엇인가요?	
누가 왜 이용하나요?	
일일 이용자 수는 어떻게 되나요?	
사회복지사는 몇 명인가요?	
사회복지사가 하는 일은 무엇인가요?	
업무에서 긴밀하게 협조하는 다른 사회복지기관은 어떤 곳이 있나요?	

아래는 다양한 사회복지, 사회의 긴급 전화번호입니다. 선 긋기로
바른 정보를 이어보세요.

---

110 ·	· 학교 폭력
112 ·	· 노인 학대
117 ·	· 민원
119 ·	· 긴급 복지
129 ·	· 범죄
182 ·	· 미아 신고
1366 ·	· 자살, 정신건강
1388 ·	· 여성 폭력
1339 ·	· 청소년 상담
1577-1389 ·	· 재난, 구급, 구조
1577-0119 ·	· 불량식품

정답
범죄 112 / 재난, 구급, 구조 119 / 불량식품 1339 / 민원 110 / 미아 신고 182 / 청소년 상담 1388 /
학교 폭력 117 / 여성 폭력 1366 / 노인학대 1577-1389 / 자살, 정신건강 1577-0119 / 긴급복지 129

우리가 사용하는 단어 중에는 우리 사회의 행복을 위해 사용하면 안 되는 차별, 혐오, 비하 단어들이 있어요. 아래 단어가 왜 고쳐져 야 하는지 이유를 찾아보세요.

단어	이 단어를 왜 쓰면 안 될까요?	바르게 고친 단어
잼민이, *린이		어린이
꼰대		어른
살색, 피부색		살구색
장애우, 장애자		장애인
정상인, 일반인		비장애인
벙어리 장갑		손모아 장갑, 엄지 장갑
고아원		보육원
외국인 노동자		이주 노동자
급식충		학생
불법 체류자		미등록 외국인

내가 찾은 차별, 혐오, 비하 단어	이 단어를 왜 쓰면 안 될까요?	바르게 고친 단어

사회복지사 자격증

사회복지사가 되었다는 마음으로 자격증을 만들어보세요.

제1-12345호

사회복지사 자격증

성　　명:

생년월일:

등　　급: 1급

(사진)

위 사람은 사회복지사업법 제11조에 따른
사회복지사 자격이 있음을 인정합니다.

년　　　월　　　일
보건복지부장관

사회복지사 선서문 따라 쓰기
사회복지사가 되었다는 마음으로 선서문을 따라 쓰기 해보세요.

사회복지사 선서문

나는 모든 사람들이 인간다운 삶을 누릴 수 있도록
인간 존엄성과 사회정의의 신념을 바탕으로
개인·가족·집단·조직·지역사회 전체 사회와 함께 한다.

나는 언제나 소외되고 고통받는 사람들의 편에 서서,
저들의 인권과 권익을 지키며,
사회의 불의와 부정을 거부하고,
개인이익보다 공공이익을 앞세운다.

나는 사회복지사 윤리강령을 준수함으로써,
도덕성과 책임성을 갖춘 사회복지사로 헌신한다.

나는 나의 자유의지에 따라 명예를 걸고 이를 엄숙하게
선서합니다.

초등학생의 진로와 직업 탐색을 위한 잡프러포즈 시리즈 47

사회복지사는 어때?

2025년 1월 2일 초판 1쇄

지은이 | 전안나
펴낸이 | 김민영
펴낸곳 | 토크쇼

편집인 | 박성은
표지 디자인 | 이희우
본문 디자인 | 책읽는소리
마케팅 | 신성종
홍보 | 이예지

출판등록 2016년 7월 21일 제 2023-000173호
주소 | 서울시 마포구 월드컵북로98, 2층 202호
전화 | 070-4200-0327
팩스 | 070-7966-9327
전자우편 | myys327@gmail.com
ISBN | 979-11-94260-18-9(73190)
정가 | 13,000원